Sinfonía de un corazón roto

Sinfonía de un corazón roto

Kelbin Torres

Grijalbo

Sinfonía de un corazón roto

Primera edición: octubre, 2025

ISBN: 978-607-386-621-7

Impreso en México – *Printed in Mexico*

Índice

A quienes han amado con tanta fuerza,
que el alma les quedó hecha pedazos.
A quienes han sentido que se rompen por dentro
y aun así siguen escuchando el eco
de su propia esperanza.
Este libro es para los que lloran en silencio,
para los que, entre la tristeza y la fuerza,
siguen componiendo su propia sinfonía.

Porque un corazón roto también canta,
y a veces, sus notas más tristes...
son las más sinceras.

Levántate

No sé en qué parte del camino estás,
pero sé lo que es no querer levantarse.
He estado ahí, con el alma hecha trizas
y el corazón lamentándose.

Y te lo digo porque lo viví:
se puede salir de ahí.
No de golpe, no sin lágrimas,
pero sí con valentía...
aunque al principio te duelan demasiado
los días.

Te vas a quebrar algunas veces más,
pero en cada grieta la luz entrará.
Aunque todo parezca vacío, aunque
no lo veas ahora, aunque le cueste
al reloj marcar los minutos, las horas.

No necesitas tener todas las respuestas,
solo necesitas una razón para seguir.
Y si hoy no la tienes,
mira lo que hay dentro de ti.

Levántate aunque sea lento,
cúrate aunque todavía duela,
escribe una nueva historia.

Brilla, aunque te hayas hecho sombra.

Sanando

Yo me quería quedar
pero es mejor marcharse a tiempo. A veces siento ganas
de llorar
y algunas noches discuto con mi
silencio.

No sé cuánto dure esto: a lo mejor un año
o diez inviernos, pero estoy en el proceso,
estoy sanando,
estoy en eso.

Karma

Pienso que lo mejor que te pudo pasar es que te alejaras
de mí, sí, puede que suene trágico, pero es así.
Me idealizaste tanto que por un momento sentí
que jamás podrías vivir sin mí.
Te lastimé de la manera más cruel y nunca pude ver
lo triste que estabas, creo que el ego me hizo una mala
jugada.
Te abandoné y siempre regresabas, pero hasta el
corazón más tranquilo y enamorado se cansa.
Y me arrepiento, pero ya no hay nada que se pueda
hacer, tus lágrimas serán mi karma, hoy me toca
perder.

Lágrimas tibias

A veces me es difícil levantarme, huir de mi catástrofe
como tantas veces lo hice, a veces me ganan
los días tristes.

Es que es tan difícil lidiar con la vida, tan difícil vivir
con el alma herida, con el corazón roto buscando
un poco de aire en el fondo
del lodo.

A veces mi espíritu se vuelve ausente
y me gustaría tener el corazón más valiente
pero las lágrimas tibias se hacen presente.

A veces, solo a veces, es bueno llorar
un poco,
es bueno desprenderse del dolor, renacer desde las sombras
y abrazarse con el perdón.

Resistente

Para ser honesto,
creo que en este momento
las probabilidades de que el viento
sople a mi favor son muy escasas,
tengo bastante lastimada el alma
pero no pasa nada.
Soy de los que no se dejan caer
tan fácilmente,
de los que se encienden
cuando llega la oscuridad,
de los que se llevan bien
con la soledad.
Y ya lo he dicho antes,
estoy desordenado emocionalmente
y golpeado por la depresión,
pero siempre tengo en mi mente
lo resistente que
soy.

Debemos aceptar

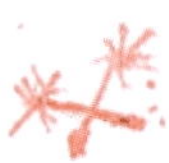

Debemos aceptar que la tristeza
muchas veces será parte de nuestros días,
que las decepciones nunca pasarán desapercibidas.
Debemos aceptar que en la vida
no todo es alegría
y que algunas personas
se convierten en heridas.
Debemos aceptar que quedarte
no siempre será la mejor alternativa
y que marcharse
no es sinónimo de cobardía.
Debemos aceptar que somos fuertes e irrepetibles
y que, aunque los días se vuelvan grises,
siempre encontraremos la salida.

Radical

Cuando a mí se me sale alguien del corazón
no hay nada que se pueda hacer,
no hay retórica que me haga
volver.

Yo no doy segundas oportunidades
aunque suene radical

pues quien no supo valorarte a la primera

**a la segunda tampoco lo
hará.**

Nada

Ya no está a la espera
de que alguien venga
y le devuelva la fe,
aprendió a luchar
para sostenerse en pie.

Ya no vive del pasado,
ya no cree en la suerte,
eso del amor es
como sentenciarse a
muerte.

Ya no le gusta dar explicaciones,
es por eso que prefiere su soledad, después de tanto daño
no hay nada que le haga
llorar.

Llegas a un punto
en el que prefieres una vida
carente de emociones
que arriesgar tu corazón
a peligrosas
decepciones.

Lo profundo

Hay nudos en la garganta
que no se desenredan tan fácilmente,
es una eterna lucha
con tu alma
y con tu mente.

Quisieras gritar y sentirte libre,
hacer las paces con tus cicatrices.

Te alejas del mundo y tocas lo profundo,
cuentas las horas y los segundos.

Le subes el volumen a tu canción favorita,
mientras te preguntas: ¿para qué quiero esta vida?

Y así se te van los días hasta que aprendes
a llevarte bien con el tiempo.

Hasta que sales a flote, buscas continuar y, entonces,
le pones fin a tu tempestad.

Sin resentimientos

Yo ya no me dejo amedrentar por situaciones
que a la larga podré solucionar.
Lloro si tengo que llorar
y callo cuando tengo que callar,
no me estreso si todo lo que amo
decide alejarse,
lo que haga cada quien es muy
respetable.
No guardo resentimientos
ni nada que me haga sentir culpable,
hay cosas en la vida
que son más importantes.
Es que después de tantas heridas
ya nada es lo mismo,
he aprendido a ser valiente
y ahora soy distinto.

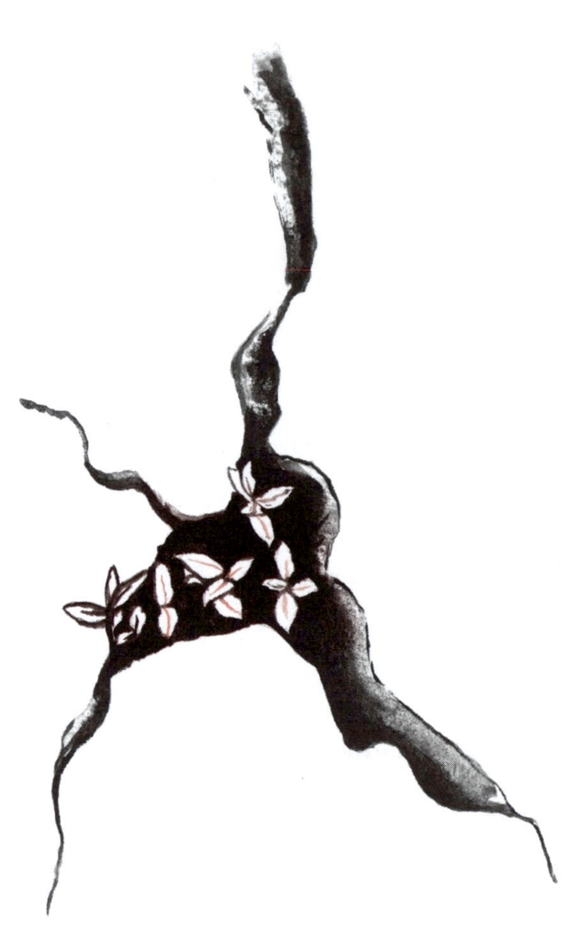

Más fuertes

Esos golpes inesperados
que nos dejan en pedazos,
son esos mismos
que nos dan la fuerza para seguir
luchando.
La vida está cargada de ironía,
solamente debemos ser pacientes,
porque aunque pensemos
que nos está haciendo daño,

en realidad nos hace más fuertes.

Creer en ti

Todavía hay partes de mí regadas por ahí,
sigo atado a un pasado que no me deja ir.
Quisiera regresar a mí y sonreír
como hace tiempo no lo hago,
pero es que me siento tan agotado
que no me quedan ganas de seguir.
Te pido, Dios, que me tomes en tu regazo,
que me saques de este abismo oscuro,
que apagues mi alma aunque sea cinco minutos,

porque este dolor me devora a cada segundo.
Y yo sé que me has escuchado
porque puedo sentir tu mano sobre mí,
sé que volveré a ser
ese hombre fuerte que siempre fui,
aunque hoy me sienta destrozado.
Aunque me sienta indefenso
podré resistir el fuego,
sé que esto es solo un proceso
y no dejaré de creer en ti.
Yo sigo aquí, todavía queda mucha vida
por vivir.

Musa

Estás para que te lleven por las calles
y con orgullo te expongan
como la mejor obra del mundo.

No estás para que te llenen de traiciones,
estás para que te enamoren,
para ser la musa de poemas y canciones.

Nuestro secreto

Y si esta noche te quedas conmigo,
y si de una vez por todas rompemos el hilo,
nos olvidamos del ruido
y nos volvemos más que amigos.

¿Qué te parece?
Sabes que me gusta hablar de frente
y aunque a veces te siento indiferente,
sé que también tú me quieres.

Si te preocupa que alguien lo sepa,
para cualquier ocasión
la discreción será
mi mejor presentación.

Te lo prometo, ese será nuestro
secreto.

Inalterable

Soy mi propia luz y oscuridad,
eso me lo ha enseñado la soledad.
Después de morir tantas veces,
pocas cosas me hacen llorar.

Es que la verdad mi paz
se ha vuelto inalterable,
ya no me interesa
demostrarle nada a nadie.

Y quizá tenga un montón de cicatrices
en el alma y muchas cosas que perdonar,
pero estoy en el camino y sé que voy
a sanar.

Ya no me dueles

Después de tanto tiempo,
al fin te he soltado.
El proceso ha sido largo
pero ahora estoy bien.
Después de haberte llorado tanto,
los días ya no son tan crueles.
Estoy mejorando,
                    ya no me dueles.

Más de lo que ves

Y si hablamos de apariencias
puedo parecer el más débil del universo, pero no
te confundas:
soy tan valiente como mis versos.

Puedo quedar en ruinas, desplomarme,
se me puede quebrar la vida
pero vuelvo a levantarme.
Tengo el corazón roto y la mente desordenada,
pero sonrío como si nada me pasara.

Tengo días en que la oscuridad me traspasa
pero todavía guardo un poco de esperanza.
Tengo la tristeza instalada
y muchos traumas por vencer.

Tengo un montón de batallas ganadas
y muchos miedos que perder.
Tengo resiliencia en los bolsillos,

soy mucho más de lo que ves.

Una y mil veces

¿Te ha pasado que quieres esconderte?

¿Irte lejos en donde nadie te encuentre?
Tienes peleas constantes con tu mente
y duele que nadie pueda entenderte.

No te queda más remedio que volverte valiente
aunque tengas que intentarlo una y mil veces.
Entonces lloras lo que hace tiempo no lloraste
y eliges seguir adelante.

Entonces en silencio se tomó la última copa de vino
en nombre de su recuerdo, y se prometió
no volverlo a buscar aunque se marchitara por
dentro.

Mi mejor estampa

Ya no me detengo a desmentir
los rumores de los chismosos,
prefiero mantener mis emociones en
reposo.

Aprendí a no perder mi tranquilidad
por cualquiera y a gastarme la vida
a mi manera.

Paso de lo ordinario
y del convencionalismo de la gente,
ser como soy es mi mejor estampa
y no me apetece cambiarla
por nada.

Lo difícil de perdonar

Si te digo la verdad
soy alguien bastante triste
y no es que me victimice,
es que hay cosas
que todavía no logro superar,
cada madrugada tengo mil batallas
nuevas que pelear.
Y quiero continuar,
de verdad que quiero continuar,
pero nadie me dijo
que era tan difícil perdonar.
Y no sé,
no sé qué pasará mañana,
a lo mejor mi corazón sana
y vuelve a sonreír
mi alma.
A lo mejor encuentro un poco
de calma en medio de mi
oscuridad.

En reconstrucción

Me estoy reconstruyendo,
no desde el mismo lugar donde me caí,
hoy estoy más consciente de lo que quiero,
y de lo que no volveré a permitir.

Estoy levantando mis trozos sin culpa, sin vergüenza.
Cada fragmento tiene una historia, cada grieta
una lección que pesa.

Ya no escondo lo que duele,
lo observo,
lo nombro.
Y todo lo que me hizo daño, lo dejo libre,
lo abrazo,
lo perdono.

Me estoy reconstruyendo sin testigos,
sin necesidad de explicar
por qué ya no soy el mismo.
Me estoy reconstruyendo,
con pasos pequeños pero decididos,
hablándome con ternura,
no con juicio,
no con castigo.

Estoy quitándole peso al pasado,
rompiendo pactos y siendo sincero,
perdonándome por cada vez
que fui duro conmigo mismo.

Me estoy reconstruyendo en silencio,
renaciendo desde mi interior,
le estoy sonriendo a la vida,
dejando atrás el dolor.

Vete

Si sientes que ya todo terminó, **por favor, vete,**
te mereces continuar sin que nadie
te frene.

Vete,
vete lejos en donde nadie reprima
tu felicidad, en donde nunca más
pierdas la cordura,
en donde seas tú,
tu propia
cura.

Vete,
a donde las heridas no te puedan encontrar
a donde puedas volver a comenzar,
vete, vete y no vuelvas
más.

Se fue cuando el reloj marcaba las diez.
Lloré, como nunca lloré,
y sin mí siguió su camino.
Cosas del destino:
después de amarnos tanto,
ahora completos desconocidos.

Agradecido

No tengo agendado vengarme
de los que me han apuñalado
ni de los que se han burlado de mi situación.

No, yo no tengo tiempo para eso,
no van conmigo los resentimientos
ni esas cosas que hacen daño.

A mí lo único que me importa
es seguir avanzando,
ya la vida me llevará
hasta donde tenga que
llegar.

Y no me voy a lamentar por mi pasado,
agradecido estoy
por todo lo que me ha
enseñado.

Volverlo a intentar

Y me volví frío,
me quedaron pocas ganas
de volver
a amar.
Muchas veces me refugié en el sexo
porque en cosas del amor
siempre me fue
mal.
Y puede ser que hoy me sienta solo,
a veces triste pero sigo
firme.
A lo mejor mañana me tropiezo
con una sonrisa, de esas bonitas,
de las que te hacen olvidar
y te despiertan el deseo
de volverlo a intentar.

Dejar volar

Quiero contarles que una vez quise rendirme,
que se me partió la vida en dos y me era imposible
recuperarme de aquel adiós.

Pero después de un largo silencio entendí
que no es sano detener al que se quiere ir.

Que, aunque sea difícil soltar, hay que dejar volar
para que crezcan nuestras propias alas,
que en vez de odiar es mejor dar las gracias.

No te abandones

Sé que la tristeza se apoderó de ti,
sé que ya te cansaste de intentarlo,
que por las noches te quieres rendir,
entregarte al olvido y de una vez por todas partir.

Escucha con atención: no te juzgues tan duramente,
ten presente todo lo que recorriste,
¿te das cuenta que eres demasiado increíble?

Esto no es palabrería, sé que te sientes triste,
pero en los días grises se aprende a brillar,
no te abandones,
todavía no es el final.

Un instante

No, no pudimos evolucionar juntos,
pero cambiaste mi mundo
y fue un gusto tenerte
un instante conmigo.

Fuiste de esos amores que parece
que duran menos que un suspiro,
pero son tan persistentes
que se quedan a vivir en los latidos.

Despedida

Me tomé el duelo como un café amargo,
frente a la ventana y con el alma en letargo.
Una sobredosis de recuerdos en la cafetera,
el corazón llorando y conversando
con la tristeza.

Te amé más de la cuenta, sin cálculo ni temor,
pero esta vez decidí jugar a mi favor.
No quiero más promesas que se olvidan en enero,
ni excusas disfrazadas de un "te quiero" sincero.

Ya no me desvelo por lo que no fue,
ni revuelvo cenizas de lo que pudimos ser.
Aprendí que el amor no es guerra ni condena,
a veces es invierno, a veces primavera.

La misma

Sí, es la misma,
la que te lloraba
hasta quedarse dormida,
la que estaba equivocada
pero te quería más
que a nada.
Es la misma,
la que esperaba tu llamada
y dejabas plantada
con su vestido de noche
y la tristeza
desordenada.
Es la misma pero diferente,
ahora no le deja nada a la suerte,
se volvió segura y resistente,
así como te quiso,
así aprendió
a quererse.

Hay amores

Hay amores que te contaminan,
que te llenan la vida de cicatrices,
que te hunden por completo
y mientras más los recuerdas,
más te desarman por dentro.

También hay amores que te enseñan
lo que significa un beso, amores que te marcan
el alma y los huesos.

Hay amores conflictivos
pero también decisivos,
hay amores que se convierten
en canción.

Hay amores que son tu salvación
pero también tu perdición.

En negación

Me dijeron que no me preocupara,
que a todos nos han roto el corazón,
que después de algunas terapias
entraría de nuevo en razón.
Me dijeron que pronto te olvidaría
pero sigo con el alma vacía,
me sigue doliendo nuestra canción,
creo que todavía estoy
en negación.
Estoy intentando superarte,
no es tan fácil escaparme de ti,
pero así es la vida,
tengo fe que un día
se cerarrán todas mis heridas.

Rezo

Rezo,
rezo para que ya no me duelas,
para que ya no habites en mi corazón,
para que se marchite todo
este amor.

Rezo para seguir mi camino
y que el destino
nunca nos vuelva a cruzar,
rezo para no odiarte
y aprender a perdonar.

Rezo para no volverte a llorar,
para que cada día te vuelvas más ausente,
rezo para borrarte de mi vida
para siempre.

Nunca te acostumbres

Todo ese dolor que estás sintiendo
no durará para siempre,
se cansará de dormir en tu pecho
y se irá cuando menos te lo
esperes.
Así que no desesperes,
tú sigue peleando
con todo lo que tienes
pero nunca, nunca te acostumbres
a vivir con lo que te hiere.

Alivio

Después de tantas noches de desvelo
intentando sacarme las tristezas del pecho
al fin puedo dormir.
Aprendí a poner de mi parte
y no dejarle todo al tiempo,
debo decir que no ha sido
nada fácil para mí,
pero ya no me duele tanto
sonreír.

Días de junio

No me cabe duda de que llegaste cuando tenías que
llegar, en el tiempo exacto,
cuando todo en mí era un completo caos, cuando me
sentía
un tonto fracasado.
Te vi y supe que eras tú, eras lo que tanto había esperado,
a quien dedicaría todas las canciones, fuiste la respuesta
a mis
oraciones.
Llegaste, me miraste y se alumbró todo mi ser, ahí pude
entender
que te iba a querer para siempre, derrumbaste mi
armadura
y mis ojos tristes, eres la prueba de que el amor sí existe.
Llegaste para enseñarme que nunca hay que perder la fe,
que nunca nos debemos rendir, desde que estás aquí
has despertado lo mejor de mí.
Llegaste en aquellos días de junio y supe que eras
lo que tanto había esperado,
espero ser yo lo que tú tanto has soñado,
si es así, por favor no te vayas nunca,
quédate por siempre
a mi lado.

Humano

Estoy lleno de contradicciones,
tengo un poco gastadas las emociones,
las matemáticas no se llevan bien conmigo
y no soy coleccionista
de amigos.

No formo parte de las grandes biografías
y me falla la memoria si me preguntan
sobre geografía.

Soy de esos que siempre aprende de los tropiezos
de los que se sacuden y se levantan,
de los que viven el presente sin preocuparse
por el mañana.

Si por ahí volvemos a coincidir,
no te apresures tanto.
Todavía queda mucho
por decir.

Caminaré

Creo que en el fondo todavía hay algo
que no me deja avanzar, a veces me dan ganas
de caminar sobre la ciudad y olvidarme de todo,
pero no puedo ocultar que
tengo el corazón roto.

Me está lloviendo por dentro un aguacero tremendo
y me duele tanta tristeza,
aunque sé que encontraré la cura,
todavía pesa mucho la armadura.

Me pesa el pasado, la sonrisa, me pesan los años
y los días, me pesa la vida.

Pero todavía tengo la llama encendida
y la valentía vigente, caminaré sobre rocas
y espinas, no importa cuánto
me cueste.

Revolución

Está viviendo su revolución, ya no le causa nada
escuchar aquella canción, ya no quiere contestarle
porque siempre, siempre cae.
Todo es poco a poco, su corazón está loco
pero tampoco es tonto.
Su alma brilla con tanta intensidad
que absolutamente nadie la puede opacar.

Eclesiastés 3:4

Llevo miles de historias guardadas en el corazón,
debo confesar que alguna vez amé a quien nunca me
amó.
Alguna vez me besaron el alma y la piel,
me amaron tanto que no supe qué
hacer.
Lo importante es que estoy aquí, a veces
con miedo y sin ganas de seguir. Es que la vida
es así: hay tiempo para llorar, hay tiempo
para reír.

Que la vida se encargue

Yo te sugiero que ya no le des
importancia a eso, los rencores
te están pudriendo
por dentro.
Deja que la vida se encargue,
nadie se va de aquí sin pagar
su parte.

Demasiado triste

Quisiera ser inmune a esto que siento por ti, quisiera dejarte ir
y seguir mi camino, pero los hilos de tu amor siguen tejiendo recuerdos
que vulneran mi tranquilidad y no me dejan avanzar.

Quisiera simplemente olvidar.

Ahorrarme algunos desvelos y enfrentar esta fobia que tengo a perderte,
pero tal parece que estoy condenado a quererte. Sé que no es justo para mí
quererte tanto, sé que cada vez que te abrazo me hago más daño,
es en vano darte todo lo mejor de mí, sé que en este cuento
no habrá un final feliz.

Pero estoy enamorado, mis amigos dicen que es apego, otros
que es costumbre, pero me temo que tengo una memoria selectiva
porque a pesar de tantas heridas, te sigo eligiendo
en mi vida.

El psicólogo me dijo que te llore, que te libere de mi mente,
¿pero qué le digo al corazón? No es tan fácil que él entre en razón.

Solo me queda confiar, un día despertar y darle una bofetada a esto
que siento por ti, olvidarme de este amor, del dolor que causaste,
de todo lo que hiciste y no vivir nunca más demasiado triste.

¡Qué bonito!

¡Qué bonito es verte así!
Con la vida encendida y con la poesía
en tus pupilas, con esa sonrisa amable
que el dolor no pudo quitarte,
con la esperanza en los bolsillos
y tu mirada radiante.
¡Qué bonito es verte así!
Con tus alas extendidas
y sin miedo a volar,
con tus planes definidos y sueños
por concretar.
¡Qué bonito es verte así!
Tan diferente y tan igual,
tan determinante y real.

Me gusta amarte en silencio
aunque no lo entienda la gente,
que lo entiendas tú es más que
suficiente.

Homenaje

Deberían rendirte homenaje
por todas las veces que te levantaste
en medio de tu decadencia,
porque pudiste arrastrarte
pero elegiste volar.

Porque pudiste rendirte
pero preferiste luchar,
porque ya no eres cobarde,
deberían rendirte homenaje.

Deberían rendirte homenaje porque
aquí sigues contra toda adversidad,
porque ya no le tienes miedo a la soledad,
porque te fuiste aunque querías quedarte.

Deberían rendirte homenaje.

Fragmentado

Y en ese momento exacto cuando más necesitaba
de un abrazo, nadie estaba a mi lado.

Me odié tanto que perdí el equilibrio, caí al precipicio
y terminé haciéndome pedazos.

Entonces fragmentado encontré la forma de salvarme,
en medio de aquel desastre me armé de a
poquito.

Y aquí estoy, frente a frente con la vida,
que venga lo que sea, soy más fuerte
cada día.

¿Te quedarías?

Y si te pido que te quedes:
¿Te quedarías?
¿Me tomarías de la mano para recorrer el mundo?
¿O me soltarías al más mínimo disgusto?
¿Me amarías con mis demonios y tormentos?
¿Guardarías cada uno de mis secretos?
Y si te pido que te quedes:
¿Aguantarías mi lado hipocondríaco?
¿La obsesión que tengo por los gatos?
¿Soportarías cada uno de mis ronquidos?
¿Sabrías cuál es mi libro favorito?
Y si te quedas:
¿Me dejarías ser tu abrigo en los inviernos fríos?
¿Aceptarías ser mi primer suspiro por las mañanas?
¿Te gustaría que tengamos una casita en la playa?
Y si te pido que te quedes:
¿Lo pensarías?
¿Lo dudarías?

¿Te quedarías?

Mi forma de ser valiente

Por supuesto,
me puedes ver por la calle sonriendo
pero eso no significa que esté pasando
por el mejor de los momentos.

He aprendido a no mostrarle a nadie
mis problemas, a buscar las respuestas
en mi silencio, a que no se enteren
de lo que estoy
sintiendo.

Quizás es mi forma de protegerme,
de no darle el poder de destruirme a
la gente.

Quizás es mi forma de ser valiente,
de buscar en mí al mejor de los
confidentes.

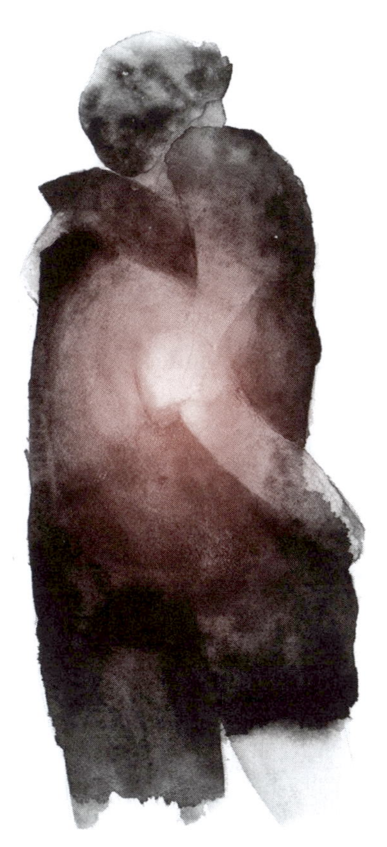

Desde que no estás

Estoy pensando en nosotros,
en lo que pudimos haber sido y me pregunto,
¿por qué fue tan cruel el destino?

Y veo tus fotos y leo los mensajes
que me enviaste al celular
y pienso que todavía no era
nuestro final.

Desde que no estás me convertí
en una sombra nada más,
una sombra inerte que solo quiere
verte.

Y ahora… ¿qué hago con todo este amor?

Desde que no estás yo tampoco estoy.

Lo logré

No se puede adelantar el reloj ni disminuir
el dolor cuando nos sentimos heridos.
No podemos arrancar de la memoria
lo que vivimos.
Solo nos queda esperar ese amanecer
en el que sonriamos y digamos:
"Lo logré".

Sonriendo

Admito que ya no
le doy importancia
a ciertas cosas,
que mi vida está más
llena de soledad
que de personas.
Que soy bastante impaciente
y que sigo creyendo en
la gente.
Que puedo estar destruido
por dentro
pero voy por el mundo
sonriendo.

Ojalá que mañana despiertes
y sin miedo puedas verle
y decirle: "Hasta aquí".
Ojalá que no se te haga tarde
y tengas el coraje para ser
feliz.

Irse también es amar (se)

Lo diste todo.
Lo intentaste incluso cuando ya no había motivos.
Te quedaste por amor...
y ahora te consumes en el dolor.

No fue cobardía,
fue coraje.
Porque soltar lo que aún se quiere
requiere más fuerza que quedarse.
Porque irse también es amar (se).

Sigue adelante, ya no tienes
que mendigar cariño ni justificar
vacíos.
En el camino verás que nada perdiste,
que la mejor decisión que tomaste
fue irte.

Sigue adelante por ti, por los tuyos,
deja a un lado el orgullo,
deja atrás el ayer.
Es de valientes llorar, es de valientes
aprender.

Avalancha de recuerdos

Muchas veces he tenido que decir que estoy bien, aunque por dentro,
tenga una avalancha de incontrolables recuerdos amenazándome con derrumbarme.
Sí, muchas veces he tenido que aguantarme, pararme firme y luchar
con la tormenta, darme ánimos hasta ganar la pelea.
Es que, aunque tenga todo en mi contra, yo merezco ser libre,
después de tanto merezco sonreír, merezco luchar por mí,
y mientras siga aquí, no me pienso rendir.

Es evidente

Es evidente que no te has dado cuenta de la hermosa
sonrisa que tienes, y no, no es adulación,
eres como un poema hecho canción.

Es evidente que no sabes lo que vales, que eres
un diamante, de esos difíciles de encontrar,
de esos que brillan en la oscuridad.

Se ve que hay muchas cosas que te duelen,
que todavía guardas rencores y te cuesta soltar,
es que nadie dijo que era fácil perdonar.

Pero no le tengas miedo a lo que vendrá, nunca es tarde
para volver a comenzar, suelta lo que tengas que soltar.

Eres demasiado fuerte, resiliente... eso es evidente.

¿Y si esta noche te perdonas y te vas a dormir
en paz?

Tu corazón te lo agradecerá.

Sosteniendo mi mano

Debo decir que la vida se me
ha vuelto confusa, que no soy
ni la sombra de lo que fui,
pero estoy intentando darle sentido
a mi vivir.

Y ya no quiero insistir en el amor
ni estar pendiente de las manecillas
del reloj, dejar de pensar en lo que
era.

**Solamente quiero ser feliz a mi
manera.**

Y sí, en ocasiones me siento inútil y
quisiera ya no existir, pero tengo
que entender que la vida a veces es
así.

Mientras pueda seguiré sosteniendo
mi mano, no voy a sentenciarme
a sufrir... lo haré todo por
mí.

Después del dolor

Se acostumbró tanto al dolor que cuando alguien quiso hablarle de amor,
escapó.
Eligió lo cotidiano, infectarse de lo vano, teñir de gris sus sentimientos
y las paredes de su cuarto.
Se sentía pequeñita sin una pizca de nada, dejó de creer en ella y también
en los cuentos de hada.
Pero un día cuando menos lo esperaba se tropezó con una mirada
que le llenó la vida de colores y destruyó de golpe sus temores.
Entendió que el amor llega cuando se le da la gana, que no pide permiso
ni necesita palabras, que todo puede cambiar de la noche a la mañana,
que se puede renacer en una mirada.

Valiente

A veces me pongo a pensar
en todo lo que he tenido que enfrentar
para ser un poquito feliz.
He tenido que llorar
cuando he querido sonreír,
he tenido que pelear
cuando me he querido rendir.
Pero no todo está tan mal, las
circunstancias me han enseñado
a ser diferente, la tempestad me ha
hecho un poco más fuerte y cuando
he tenido ganas de detenerme,
la soledad me ha dicho que soy
valiente.

La mejor de las victorias

Y cuando pensé que lo había
perdido todo, en aquel espejo
roto pude ver pedazos
de mi rostro.
Yo nunca me había ido,
no todo estaba perdido, me tenía
a mí mismo y entre tantos
fracasos esa era la mejor
de las victorias.
Entonces le di gracias a mis
errores, me perdoné sin
condiciones, me vestí de
alegría y me cité de nuevo
con la vida.

Te admiro

Meses atrás la pasaste tan mal
que tocaste fondo y te aferraste
a lo más hondo de tu oscuridad.

Pero aquí estás, volviste a brillar
con más intensidad.

Es que tú siempre sales adelante,
sabes levantarte de cualquier tormenta,
de cualquier desastre.

Por eso te admiro bastante.

Busqué en mi soledad
aquella duda que me carcomía,
encontré libertad y mil respuestas
perdidas.

Sigo aquí

Sí,
me ves aquí y puede que te parezca indestructible pero
déjame decirte que he vivido demasiados momentos
tristes.
Que he pasado noches enteras hecho pedazos, pero
que a pesar de tanto jamás me he
abandonado.
Y no voy a negar que a veces quiere ganarme
el cansancio, pero me basta ver mis cicatrices
para seguir luchando.

Restos de dolor

Todavía te quedan restos de dolor y eso
te confirma que eres real. Sí, puede ser
que tengas días en los que quieres
explotar, o tal vez inventarte una nueva
vida, alejarte de la mediocridad
y reconciliarte con tu sonrisa.
No te aflijas, estás creciendo
segundo a segundo.
Llegará tu momento para brillar
y comerte el mundo.

Decidí

Entonces decidí dejar a un lado lo que me
causa daño, ya no esperar migajas de amor
y en vez de eso refugiarme en mi propio
perdón.

Decidí volverme invisible para la gente
que nunca se dio cuenta de mi valor,
para los que llenaron de espinas mi corazón.

Aunque me toque intentarlo diez mil veces,
decidí ser mi propia salvación, decidí llorar
las lágrimas pendientes, decidí ser más
valiente.

Me aferro a mí

Resulta que dejaron de alterarme los señalamientos
y las etiquetas, ya no me estresan.
Son pocas cosas las que realmente me interesan.
No pretendo ser el ejemplo de nadie,
estar bien conmigo es lo más
importante.
La gente se va, pero yo sigo aquí.
Y cuando se me derrumba el mundo,
cuando estoy a punto de desistir,
cuando no sé qué hacer ni qué decir,
me aferro a mí,
me tengo a mí.

Pasa el tiempo y yo
me estoy sintiendo mejor.
Tengo el alma más serena
y más tranquilo
el corazón.

De cualquier forma

De cualquier forma siempre salgo adelante,
aunque mi poca fe se empeñe en
derrumbarme.
De cualquier forma siempre logro levantarme,
aunque mi valentía piense que soy un
cobarde.
Y es que se vale caerse de vez en cuando,
se vale perderlo todo y volverse desconfiado,
se vale tener los bolsillos vacíos, se vale
llorar como un niño.
A lo mejor se van los amigos y se hace más
grande el abismo, a lo mejor cuesta mucho
perdonarse, de cualquier forma
se sale adelante.

Nervios de acero

Después de comenzar tantas veces
de cero se me han vuelto los nervios
de acero.
Después de darme cuenta
de lo que estoy hecho, son pocas cosas
las que me mueven el suelo.
Debo confesar que a veces
se me alborota la vida
pero a mi manera
siempre encuentro la salida.

Los restos de lo que fuimos

A veces, el corazón recuerda
con más fuerza de lo habitual
como si el amor no entendiera
que hay memorias que ya no deben
de doler.

He intentado llenar tu vacío
con promesas nuevas y sonrisas prestadas
pero hay recuerdos que todavía duermen
debajo de mi almohada.

Y sí, quizá no se trata de olvidar,
sino de aprender a recordar sin romperse,
aunque el corazón se sienta perdido,
se trata de seguir el camino,
aunque eso implique abrazar los restos
de lo que un día
fuimos.

Libre

¡Anda!
Desempolva el espejo,
mira tu sonrisa, eres
bonita.
Te mereces el cielo,
necesitas emprender
el vuelo, ya es tiempo
de que seas libre
aunque te critique el viento.
Los ayeres ya se fueron
y no piensan regresar,
es hora de ser valiente, no mires
atrás.

Precavido

Cuando yo doy un "te quiero"
es porque en verdad lo siento,
es que no soy muy expresivo,
quizá porque nunca
lo fueron conmigo.
Por eso a corazones como el mío
hay que tenerles paciencia,
se ha vuelto un poco precavido
pero no significa que no
sienta.

Volver a levantarme

Aquí nada ha mejorado,
solo he aprendido a esconder el dolor.
La herida sigue abierta,
pero sé que el tiempo se pondrá
a mi favor.

No es que ya no duela,
es que ya no lo digo.
Guardo mi caos en el armario
y camino, simplemente camino.

He aprendido a responder "todo bien"
aunque por dentro el alma
me pida un poco de tregua.
He dormido entre dudas y con la vida
revuelta.

Aquí nada ha mejorado, pero he dejado
de culparme, sé que encontraré la manera
de volver a levantarme.

Ya no me rompo

Desde que te fuiste se me agotaron
las ganas de ponerme triste, estuvo bastante
fuerte la destrucción pero estoy en
recuperación.
Hago lo que quiero y no hace falta
tu aprobación, me acompaño por
las noches y renazco del
dolor.

Te agradezco porque te fuiste.

Porque me dejaste aquí.

Porque después de todo hiciste algo
bueno por mí.

Sobreviví a ti

Me hiere que todo haya terminado así,
verte ir fue algo tan destructivo
que los cimientos que
alguna vez sostuvieron mis latidos
se desplomaron sobre mí.

No te voy a mentir, creo que por un tiempo morí.

No fue fácil ver la casa vacía ni tu sonrisa
paseándose por ahí, los recuerdos pegados
en la nevera todavía me hablan de
ti.

No fue fácil resistir pero sobreviví a tu ausencia,
a la tormenta que dejaste en mi cabeza,
sobreviví a todas tus promesas.

Sobreviví a ti.

No nos dijimos nada, simplemente
agachamos la mirada, y entonces
comprendimos que de lo nuestro
ya no quedaba nada.

Hoy lloré

Hoy lloré pero fue de alivio, aprendí que estar solo no es
lo mismo que estar vacío.
Hoy lloré por mí mismo, porque después de tanto estoy
logrando salir del abismo.

Hoy lloré pero no de tristeza, lloré porque al fin puedo
ver
una luz en el camino, porque la vida está comenzando
a florecer, lloré porque llorar me hace bien.

Hoy lloré para limpiarme el alma, para dejarme sanar,
porque al fin pude soltar.

Lloré por las veces que pensé rendirme y aun así
decidí continuar.

Callado

He decidido guardar silencio
porque sé que mis palabras
en ocasiones hieren, tengo que
aceptar que a veces hiervo
por dentro.

¿Por qué es tan difícil aceptar nuestros
defectos?

No me arrepiento de quedarme callado
ni de abrazar mis momentos oscuros,
solo así me siento
seguro.

Amores que se vuelven rutina

Lo intentamos,
con palabras, con silencios,
teníamos miedo de fracasar,
nos dimos oportunidades
que terminaron doliendo más.

Nos aferramos por costumbre,
por miedo, por no querer aceptar
que el amor se tenía que marchar.

La verdad no hay nada que reprochar,
podría jurar que nos amamos
como muy pocas veces se ama en esta vida,
pero hay que aceptar
que hay amores que se vuelven
rutina.

Hay amores que se extrañan todos los días
aunque ya no formen parte de
nuestra vida.

Valiente gigante

Tal vez sientas que la soledad
te contamina, que en cada rincón
de tu alma crecen nuevas
espinas.
Ya intentaste sobornar a tu ansiedad
con una sonrisa, pero ella se resiste,
tal parece que no quiere irse.
No sé cómo lo harás,
pero sea como sea
saldrás adelante.
La carga puede volverse
insoportable
pero tú eres impresionante,
valiente gigante.

Pudimos

Pudimos ser el centro del universo
pero a ti te gustaba lo pasajero.
Pudimos romper las cadenas del pasado
y dejar a un lado el temor
pero no nos duró el amor.
Pudimos ser tanto pero al final
no fuimos nada,
se nos canceló nuestro cuento
de hadas.

Crisis emocional

Todos pasamos por malas rachas, se nos agotan
las ganas para seguir en el mundo,
se nos cruzan pensamientos inmundos
y quisiéramos
desistir.

El insomnio se convierte en nuestra adicción
y la decepción en nuestra "mejor" compañía,
¡qué difícil se nos vuelve a veces la
vida!

Y lloramos cuando suena aquella canción
y el vacío se apodera de nuestra alma,
los latidos se vuelven lentos y la tormenta nunca
para.

Y nos preguntamos: ¿qué hacemos aquí?
¿Cuál es el sentido de seguir?
Y la soledad no pasa desapercibida
¡Qué triste se nos vuelve a veces la vida!

Los fantasmas regresan y se acomodan
en nuestra espalda, y aunque queramos
volar alto nos da miedo caer, parece que
perdimos la fe.

Pero aquí estamos luchando por que la vida
se nos vuelva bonita otra vez,
por que se consuma todo
lo que nos hace mal
y entonces superar nuestra crisis
emocional.

A ella le gusta que la quieran

A ella le gusta que la quieran,
pero que la quieran bonito, no confía
en esos tipos que se las dan de muy
listos.
Le aburre la palabrería
las conversaciones vacías, le encanta
García Márquez y los libros
de poesía.
A ella le gusta que la quieran, pero que
la quieran entera, simple o sofisticada,
desaliñada y sincera.

Nuevas puertas

A lo mejor está muy alta
la marea y piensas que ya
perdiste el control.
Por favor: no dejes
que la tristeza se acomode
en tu corazón.
Sé que es muy grande
tu fortaleza, yo estoy seguro
que ganarás esta pelea,
triunfará tu
sonrisa y se
abrirán nuevas
puertas.

Volar sin miedo

Tanta soledad me ha vuelto esquivo, un poco muerto
y un poco vivo.
Y me cuesta entender lo que sucede, pero he
comprendido
que lo que amas es lo que más te hiere.
Esto es así, ya entendí que luchar por mí
no es nada egoísta, puede ser que la tristeza insista
pero yo estoy aquí para ser feliz.
Y no, no importa mi pasado ni todo lo que esté pasando,
siempre se encuentra la manera para comenzar de nuevo,
siempre se encuentra el valor para
volar sin miedo.

Soy

Soy el que sobrevivió a la tormenta,
el que no tiene su paz en renta,
el que aprendió a ser feliz.
Soy aquel que un día fue ruinas
y después se convirtió en raíz.

Ya no me asusta la oscuridad ni las ausencias que duelen,
aprendí a dejar libre lo que no me conviene.
Hoy camino sin prisa pero forjando mi destino,
dejando en el pasado lo que nunca fue mío.
Soy el que lloró en silencio, el que se rompió sin ruido,
el que encontró la fuerza en cada uno de sus latidos.

Las lágrimas también se acaban

Y siempre esperaba
que se hiciera de noche para dormir,
para olvidarse de los problemas y escaparse
de ti.
Y escuchaba mil veces
aquella canción que le dedicaste,
hasta que se dio cuenta de que no eras
indispensable.
Así que no te creas tanto
porque las lágrimas también se acaban
y en su vida ya no significas
nada.

La Nochebuena ya se fue,
viene la Navidad,
vienen los amigos pero
tú no estás.

Quisieron

Quisieron destruirla
y hacer de su sonrisa una tumba.
Quisieron enterrarla
y dejarla en la oscuridad,
pero cuando más nublada
se le ha vuelo la vida
es cuando más ha sabido brillar.
Quisieron atacarla con mentiras,
quisieron despedazar su corazón
pero después de caminar en el fuego
no hay nada que le cause temor.

Lo que has esperado

No quiero restarte nada,
quiero sumarme a tu esperanza.
No quiero dividirte, al contrario,
quiero multiplicarte, elevar tu felicidad
y potenciar esta ilusión,
transformarla en ese amor
que has esperado tanto.

Quiero dejar a un lado tu pasado,
quiero construirte lo soñado,
que te intensifiques a mi lado,
quiero que te redimas en mi
abrazo.

Por mí

Desperté y no me siento
tan mal como ayer, quizá
necesitaba un poco de mí,
dejar a un lado los argumentos
y escuchar por un momento
a mi corazón latir.
Y es que a veces puedo ser tan
absurdo, tan inquieto, que hago
de un pequeño problema un
gran universo.
Pero sé que puedo, y aunque confieso
que a veces no tengo ganas de seguir,
sigo conservando
aquella promesa que me di...
"Siempre voy a luchar por mí".

Sé fuerte

¿Quién te dejó tan desarmada?
¿Quién te hizo creer que no
vales nada?

No creas nada de eso, confiar demasiado
tiene su precio, pero tranquila,
que así te enseña la vida
y los errores también
se convierten en aciertos.

Si tienes ganas de llorar, hazlo sin miedo,
eso te ayudará a fluir desde
adentro.

Llegará el momento en el que ya no extrañarás,
en el que te aferrarás para siempre a tu
libertad.

Sé fuerte, cariño, vendrán mejores domingos.

Entenderás

Un día entenderás por qué todo aquello dolía,
por qué ciertas personas se fueron de tu vida,
entenderás que hay caminos llenos de flores
pero también de caos y espinas.

Entenderás que, aunque des lo mejor no siempre
recibirás lo mismo, que hay amaneceres oscuros
y veranos fríos.

Que hay recuerdos que intentarán derribarte y
y en algunas noches la tristeza llegará
a visitarte, que hay madrugadas en las que
necesitarás llorar y otras simplemente
descansar.

Entenderás que no está mal ser cobarde
pero no debes olvidar que también eres fuerte,
que digan lo que digan jamás te haga
dudar de lo que eres.

Me embriagué tanto de su recuerdo
que vomité un ejército de ayeres
y unos cuantos “seremos”.

Hoy te digo adiós

Me he acostumbrado a mí para no necesitarte,
hoy me elijo, me prefiero y ya no me veo
insignificante.

Hoy te dejo libre y te obsequio
mi perdón.

Hoy te dejo para siempre.
Hoy te digo adiós.

Perdónate

A veces el juicio más cruel viene desde adentro,
a veces fallan los intentos y no quieres continuar,
y te vuelves ausente pero... ¿cuánto de lo que cargas
realmente te
pertenece?

Suelta todo lo que te pesa, no te eches culpas ajenas,
los fracasos son una prueba para volver a comenzar
de una mejor manera.

Mereces perdonarte,
mereces volver a ti,
encenderte como un rayo
mereces ser feliz.

Hasta el final

Aquella madrugada solamente quería correr,
esconderme y no volver nunca más, estaba tan lleno de ansiedad
que sentía cómo la vida se me escapaba de las manos,
yo lo único que quería era que alguien me extendiera sus brazos.
Lo único que quería era descansar sin que se me inundara el pecho,
sin que me lloviera por dentro, pero lo único que encontré fue
un inevitable silencio.
Y me sentí indefenso, pero con ganas de pelear
y apagar aquel incendio que me estaba haciendo tanto mal.
Entonces recordé, recordé todas aquellas batallas
que logré ganar, recordé que soy un guerrero
y los guerreros pelean hasta el final.
Y aquí estoy, todo aquello ha quedado atrás,
aunque vengan avalanchas y tormentas: **no me dejo vencer**
de ninguna manera.

Ella es así

Ella es así, dulce y amarga al mismo tiempo,
es algo intensa, pero cuando se enamora se vuelve
la mujer más tierna.
Pero no hay que confundirse, cuando ella decide irse
manda al carajo a quien sea y no se lamenta,
porque sabe que ya fue demasiado paciente,
que ya hizo lo suficiente y que mil veces se prefiere sola
antes de seguir aguantando estupideces.

¿Qué haces ahí?

Si no eres feliz,
¿qué haces ahí?
Ya le diste suficientes oportunidades,
deberías guardarte la siguiente
para ti.
La vida se te va y ella no espera a nadie.
Se te hace tarde.
Es tiempo de partir.

Deja que las lágrimas salgan, eso te limpiará
el alma. Pelea un poco más,
mejores tiempos vendrán.

De esas noches

Hay noches en las que las horas tardan en pasar, en las
que no puedo
dejar de pensar, noches que duelen pero que son
necesarias
para sacar toda esa rabia que te carcome el alma.
Hay noches en las que me aferro a mi tristeza como si eso
fuera lo único
que me queda, y veo al cielo tratando de encontrar una
estrella
que me acompañe en mi agonía, que me arrope con su
luz
en las madrugadas frías y que me diga: todo estará bien.
Que me diga que todo pasará, que el amanecer está
cerca, que yo no
tuve la culpa, que la gente a veces no es sincera.
Y que me presente a la luna para enseñarle mis versos
y mientras navegamos por el universo platiquemos
de la vida, de las heridas del corazón y escribamos
alguna canción.
Hoy es una de esas noches en las que solo quiero escapar
de mí
para que se evaporen los torbellinos de mi cabeza, morir
las veces que sean necesarias para regresar con
más fuerza.

Corazones distintos

Te va a doler, y sí, algo en ti
se va a romper, pero creer
que no fuiste lo suficiente
es lo más tonto que puedes hacer.

Hay corazones que aman hasta
la muerte, existen otros que no saben
lo que quieren.

Los que se quedan

Hay personas que llegan
pero no se quedan
y te dejan
con la vida totalmente
revuelta.
Hay otras que sin pedirlo
cruzan el abismo contigo.
Y cuando ven que estás
a punto de retroceder,
que te faltan fuerzas,
te toman de la mano y
no te sueltan.

Sacrificio

Decidió desprenderse de aquel "amor"
que le tenía el corazón
hecho añicos.
Y, aunque tuvo que levantar
todos sus pedazos del piso,
hoy respira con tranquilidad.
Valió la pena el sacrificio,
ya no son tan crueles los
domingos.

A veces no es que no sepas amar, es que ya no te queda espacio para entregarte una vez más.

Me gustas así

Me gustas así,
                    exactamente así.
A veces oscura, un poco recatada
y cuando se te da la gana, espléndida
y clara.
Me gustas así,
con tu risa desordenada,
con tus pestañas pobladas
y esos lunares
en tu espalda.
Orgullosa, un tanto callada, desierta
y delicada, yo no te cambiaría nada.
Me gustas así.

Sin miedo a perder

En mi alma todavía guardo
un poco de esperanza que no me deja caer,
el mundo sigue girando pero yo también.
Por supuesto, a veces quiero retroceder,
pero me aferro a lo que puedo,
no tengo mucho que
perder.
Ni siquiera sé hacia dónde iré
pero sigo caminando como quien
no pierde la
fe.
Entendí que necesito seguir, no es
en vano todo lo que viví, y aunque
a veces cuesta demasiado estar de pie,
sé que siempre encontraré
la forma de estar bien.

Perdón

Pido perdón si alguna vez te lastimé, si en mi inmadurez
no supe ver lo grande que eres, tengo que reconocer
que tu ausencia me duele.
Perdón por hacerte llorar cuando lo que necesitabas
era mi abrazo, no sé si ya sea muy tarde, pero lo
lamento tanto.
Perdón por no responder los mensajes en tus noches
de desesperación, sé que no hay justificación
cuando se rompe un
corazón.
Tengo que aceptarlo, me amaste demasiado
y todo ese amor se me salió de las manos,
por lo que hiciste en mí,
te agradezco tanto.

Todavía guardo una pequeña esperanza
que le hace creer a mi fe que
un día volverás.

Conciliación

Al fin comprendió
que no podía seguir
viviendo de
fantasías.

Y, aunque la realidad
muchas veces le dolía,
aprendió a llevarse
bien con
la vida.

Déjalo ir

Hay una nueva versión de ti
que te está esperando
pero debes de empezar dejando
ir el pasado.
Déjalo ir, ya no hay nada
que puedas hacer al respecto,
sé que te dolió lo que hicieron
pero estás aquí, este es tu
tiempo.
Sé que no es nada sencillo dejar atrás
el dolor, ya no sufras en silencio, ya pasó
lo peor.

Cerrando ciclos

No te preocupes, yo ya estoy bien.
Cuando quieras hablamos y nos
vamos por un café, no puede
haber rencor entre dos seres
que se amaron tanto, ¿enemigos
para qué?
Ya no somos aquellos niños,
ahora somos distintos, creo
que es un buen momento
para cerrar aquel ciclo.
No dejemos que los recuerdos
nos destruyan, no fue culpa mía,
tampoco fue culpa tuya,
hay amores que tristemente
no perduran, pero dicen
que el tiempo todo
lo cura.

Sin camuflaje

Te entregó todas sus debilidades, la viste sin maquillaje,
desnuda, sin camuflaje. Te mostró sus defectos,
te dio su alma entera, pero te empeñaste en perderla.
Quizá le hiciste un favor,
ahora sabe de lo que está hecha y reconoce su
valor.

Encontraré la forma de olvidarte,
así como encontré cada uno
de tus lunares, así como cerré
las grietas de tus labios, así como
te amé, así voy a
olvidarte.

La última entrega

Yo así como me enamoro,
así mismo pierdo el
interés.
Yo amo intensamente y soy paciente
pero si ya luché, ya me entregué
y no queda nada por hacer,
me voy sin darle cabida
al arrepentimiento, aunque eso
implique irme con el
corazón deshecho.

En paz conmigo

De verdad,
yo ya dejé de estar pendiente
de un montón de cosas,
a mí ya no me provoca
aclararle a nadie
lo que soy.
Mientras yo esté al tanto
de mi situación, las dudas
ajenas no me importan,
tampoco si me quieren
o si me odian.

Después de tantas caídas, uno
se vuelve inmune a las
heridas.

Otra oportunidad

Hay días en los que no tengo ganas
de nada, en los que no me soporto,
en los que me siento vulnerable,
reducido y un poco roto.
Entonces me oculto del mundo
y me regalo todos los segundos,
le echo una mano a mi poca voluntad,
hablo cara a cara con mi sinceridad,
levanto mis ánimos del piso y nuevamente me
siento listo.
Listo para continuar, para darme otra
oportunidad, para reconciliarme con
la vida, para engancharme con la
vida.

Lo que mereces

Te mereces unos labios sinceros
que te ericen el alma con un beso.
Mereces enamorarte de nuevo y entregarte
por completo.
Te mereces una suave caricia que derrumbe
todos tus miedos, vivir en una sonrisa, que
te amen sin tiempo.

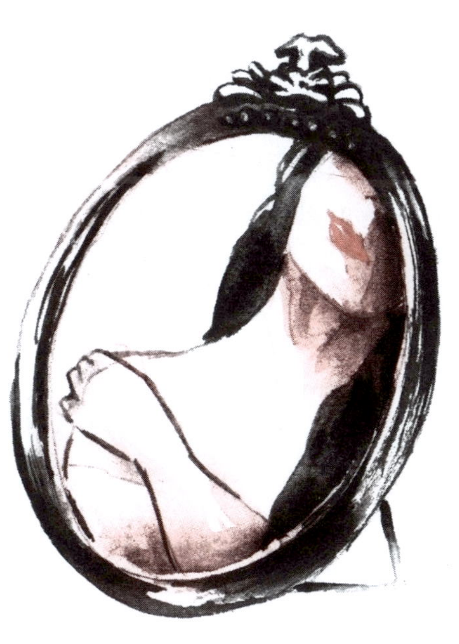

Indeleble

Sé que estoy envejeciendo, pero estoy contento por todo
lo que
he hecho, sí, ha habido tropiezos y también
arrepentimientos
que me hicieron recapacitar, yo ya perdoné pero también
aprendí a perdonar.
He sido feliz pero también bastante triste, los días grises
me lastimaron el corazón, pero en todos mis colapsos
siempre estuvo Dios.
Conservo algunos amigos, otros se quedaron en
el camino,
tengo
la poesía como abrigo y unos libros que me salvaron
de la destrucción.
Todavía no tengo claro hacia dónde voy, pero todos
los días
rezo, le pido al cielo sabiduría para no dañar
a los que están en mi vida.
Y si me voy a dormir y no despierto nunca más,
que quede
una huella indeleble en los que me amaron
de verdad... ¡ojalá!

Ave fénix

No,
no todo fue en vano,
el pasado te quiso
derrumbar, pero mira
en dónde estás.
Tu dolor te transformó
y te volviste resiliente,
esa sonrisa valiente
no se puede
disimular.
Mientras otros dudaban,
tú renacías, volaste como
el ave fénix más allá
de las heridas.
Hoy nadie te puede subestimar,
Hoy nada te puede frenar,
te caíste muchas veces
pero te volviste
a levantar.

Días raros

Hay días raros en los que todo te parece extraño,
te da miedo dar un paso por miedo a caer, días
en los que extrañas demasiado
y ya no quieres esperar,
te sientes perdido, como que
no perteneces a ningún lugar.
Hay días en los que solo quieres llorar y entregarte
a la oscuridad, en los que todo a tu alrededor
se desmorona como una lluvia torrencial, días
raros en los que sientes que ya
no puedes más.
Entonces platicas con tu soledad
y te abrazas fuerte a ella,
esperando que mañana pase
la tormenta y encontrar un
poquito de paz.

¿Para qué regresar?

Sí, nos vamos a extrañar pero
¿para qué regresar?
Sería tiempo perdido.

El “nosotros” ha concluido.

Tú estarás bien sin mí.
Yo estaré bien conmigo.

Transición

Todavía no tengo el panorama claro,
pero ya es tiempo de
seguir.
No voy a quedarme aquí
en esta oscuridad
por miedo a lo que
vendrá.
Ya me rompí una vez y me
volví a reparar, no pierdo
nada con volverlo a
intentar.

Sin prisa y sin rencor

Sí, no me ha ido muy bien en el amor,
me he equivocado y me ha costado caro,
pero he aprendido a decir
adiós.
Todavía me cuesta un poco mostrarme
como soy, prefiero refugiarme en alguna
canción y dejar los sentimientos para
otra ocasión.
Mientras tanto me hago compañía,
vivo mi vida sin prisa y sin rencor,
ya habrá tiempo para un
nuevo amor.

Ermitaño

He estado mucho tiempo en soledad, es que la verdad
me he acostumbrado a estar conmigo,
no sé si me explico
pero con los años me volví un ermitaño,
la gente hace mucho daño y yo prefiero estar en
paz.
Prefiero los libros, una botella de vino tinto o
quizá un moscato, platicar de la Vía Láctea con mis
gatos, mientras se calma la ansiedad.
Ya no tengo el corazón intranquilo, cada vez escucho
más fuerte mis latidos, me he reconciliado conmigo
y he dejado todo atrás.

Olvidarte es un caos

Me renté una cabaña en la montaña para tener la mente
quieta
pero no me está funcionando ninguna de mis
estrategias.
Me fui de fiesta, revolví tequila con cerveza pero están
intactas
cada una de tus piezas.

Nada puede arrancarte de mí.

Te escribí un par de libros, me fui de viaje con los amigos
pero:

Todavía sigues aquí.

Cómo olvidar esos ojos claros que alumbraron mi existir,
ni siquiera en quinientos años podría olvidarme de ti.
Estoy haciendo todo lo que puedo, pero me está costando
seguir, olvidarte es un caos y no sé si pueda resistir.

Corazón agotado

Voy a tomarme un descanso para disfrutar
de mi compañía, para buscar pedacitos
de poesía en mi soledad, para hablarme
con sinceridad.
Quiero descansar de la gente y reencontrarme
con mi paz, quiero estar bien conmigo,
necesitio sanar.
Voy a tomarme un descanso y creo que es la
mejor decisión, es que tengo agotado
el corazón.

Sobrevivir

Cuesta un mundo elegir entre ser cobarde y valiente porque
hay cosas que la mente no puede sustituir, me quisiera rendir
pero a pesar de todo lo que viví hay algo en mí que todavía
me hace resistir.
Me cuesta mucho dormir, ya ni las pastillas hacen efecto,
sé que no soy perfecto pero siento que todo esto...
yo no me lo merezco.
Me disculpo si no di lo mejor de mí o si confundí el cielo
con el infierno, entiendo que todo es un proceso pero me está
doliendo el invierno.
Desearía despertar sin este peso y caminar ligero hacia mi
felicidad, pero cuando tienes el corazón deshecho
no es cuestión de voluntad, es cuestión de tiempo.
Entonces toca levantar el alma del suelo y esperar a que baje
la marea, la vida a veces parece injusta pero toca sobrevivir
como sea.

Agradecimientos

Gracias a quienes me han acompañado desde *Valentía I*, a quienes confiaron en mis palabras incluso cuando yo mismo dudaba de ellas. Ustedes no solo han leído mis libros, los han sentido, los han vivido. Sin ustedes, esta sinfonía no habría encontrado su eco.

A quienes llegan por primera vez con este libro, bienvenidos. Espero que encuentren en estas páginas un reflejo, una cura, un abrazo. Quédense, si así lo sienten, y recorramos juntos lo que aún está por escribirse.

A Ángela y a todo el equipo de Penguin, por permitir que este libro encuentre su lugar en el mundo.

A mi madre y mi primiringa porque incluso cuando mi mundo se vino abajo, siguieron siendo mi refugio.

A los amigos verdaderos, gracias por sostenerme. Este libro también es de ustedes.

Amor, gracias por entender mis ausencias y por sostener mi mano siempre.

A Dios, porque cuando todo dentro de mí se quebró, Tú fuiste esa calma que no entendía, pero que necesitaba.

Esta obra se terminó de imprimir
en el mes de octubre de 2025,
en los talleres de Litográfica Ingramex S.A. de C.V.,
Ciudad de México.